LE DÉCRET

DE

LA PRESSE

PAR

ALEXANDRE WEILL

PARIS

E. DENTU, LIBRAIRE-ÉDITEUR

PALAIS-ROYAL, 17 ET 19, GALERIE D'ORLÉANS

1872

LE DÉCRET

DE

LA PRESSE

Clichy. — Imprimerie Paul Dupont et Cie, rue du Bac-d'Asnières, 12.

LE DÉCRET

DE

LA PRESSE

PAR

ALEXANDRE WEILL

PARIS

E. DENTU, LIBRAIRE-ÉDITEUR

PALAIS-ROYAL, 17 ET 19, GALERIE D'ORLÉANS

1872

PRÉAVIS.

Pour redresser un bâton courbé, il faut le recourber dans le sens contraire. Il en est de même des abus fortement enracinés. La loi abstraite, comne la vérité absolue, doit aller à l'extrême. C'est aux législateurs et aux juges pratiques à l'adapter aux circonstances et aux hommes.

Le Décret de la Presse est mon troisième décret. Les motifs du *Décret des Devoirs de l'homme* ayant été exposés dans ma *République Nouvelle*, ce décret, qui est le premier, paraîtra plus tard. Le quatrième, *Le Décret des Théâtres*, paraîtra sous peu.

Tous les décrets, si Dieu me prête vie, seront réunis dans un volume intitulé, CODE DE LA RAISON.

INTRODUCTION.

Le signe distinctif de la dégénérescence sociale d'une nation, c'est quand ses hommes de talent sont en bas et ses médiocrités en haut de la société : autant dire des zéros, n'ayant de valeur que derrière les chiffres, se mettant devant eux. Non-seulement ils ne comptent plus du tout, mais encore ils annihilent les compteurs.

Les révolutions, les catastrophes, les défaites dans l'histoire des nations n'ont jamais eu d'autres causes.

Toute génération a ses chefs naturels et peut être sauvée par eux. La nature est partout admirablement organisée et hiérarchisée. Pour tant de millions de zéros il y a toujours le nombre de chiffres voulus qui, placés à la tête, en centupleraient la valeur.

Seulement quand ces chiffres ou ces talents ne sont pas à leur place, il arrive de deux choses l'une :

Ou le talent, par sa force, déclare la guerre à la société et la détruit au risque de se détruire avec elle.

Ou bien, il se retire de l'arène sociale et abandonne les malheureuses médiocrités à leur sort, qui se divisant, se désagrégeant, s'annihilent et se dévorent les unes les autres, jusqu'au moment où elles sont dévorées toutes par un ennem commun.

La France en est là depuis quarante ans.

Depuis la révolution de Juillet, la France est gouvernée par des avocats ou par des palefreniers de salon. Je n'ai pas besoin de médire des *marchands de parole* que nous appelons avocats. Du temps de Socrate, on les appelait *sophistes;* du temps de Montaigne, *rhéteurs* ; Lessing les appelle *langues de fourbes.* Il n'est pas dans l'histoire un véritable grand homme, poëte, philosophe, homme d'État, qui ait fait de la parole une étude pour être orateur. Par contre, il n'y a jamais eu un artiste de parole qui fût un homme de caractère et de vertu, à commencer par l'orateur Aaron qui, en l'absence de Moïse ne sachant pas parler, a fait le veau d'or. L'homme de parole est créé et mis au monde pour être un comédien, et jamais bon comédien ne fut un penseur. Molière et Voltaire ont été de très-médiocres comédiens. D'ailleurs y eût-il un grand homme sachant parler, il n'en ferait pas métier, il ne serait pas avocat. Sa parole serait concise, substantielle et courte. Le grand art c'est d'exprimer beaucoup de vérités en peu de mots. Tout métier de parole est au contraire un métier essentiellement malhonnête. Un homme qui étudie pour dire le pour et le contre sur la même question dans n'importe quel procès est forcément et malgré lui un malhonnête homme. S'il ne l'est pas de sa nature, il le deviendra par métier, surtout s'il offre sa parole à autrui pour un salaire.

De là vient que tout pays gouverné par des avocats est un pays perdu. Il en fa de même dans tous les temps, chez tous les peuples, à Jérusalem comme à Athènes, à Rome comme à Byzance. Il en sera de même en Angleterre où, à l'heure qu'il est, l'avocasserie verbeuse prime le talent et la vertu. Quant à la France, il suffit de constater que depuis quarante ans il n'est pas sorti du barreau un seul homme vraiment capable. En est-il sorti d'honnêtes citoyens? Certainement. Mais, comme dit Hamlet, ce sont de mauvais musiciens.

J'ai connu Berryer. C'était un homme sans caractère, sans vertu, sans ordre et sans beaucoup d'autres choses encore. Je n'ai jamais vu Jules Favre. En 1848, il avait déjà donné des preuves irrécusables de flagrante médiocrité. Sous l'Empire, il a plaidé en faveur *de deux accusés d'assassinat dont l'un parricide avec préméditation*. Dans un article, que trois journaux m'ont refusé et que la *Nation* seule a inséré, je lui ai dit qu'un avocat plaidant pour de l'argent une cause pareille ne pouvait être qu'un homme privé de sens moral. Ai-je besoin de citer d'autres célébrités pérorantes du barreau, telles que les Billault, les Baroche, les Rouher, les Ollivier et leurs nombreux emboîteurs de pas, nullement arrêtés par le désastre de Sedan? La France politique et même militaire en pullule. Tout le monde en France apprend et sait parler. Nul n'y apprend à penser. Toute pensée sortant de la banalité y est de prime abord un paradoxe. Il vaudrait mieux pour un pays être gouverné par un Cartouche ou un Schinderhans que par des avocats. Les premiers voleraient sans essayer de se disculper. Mais du moins ils sauraient former une bande disciplinée et la gouverner. Les derniers au contraire, sans gouverner, laisseraient tout aller à la dérive et n'useraient leur talent que pour glorifier leur médiocrité et demander des décorations pour eux et leurs innombrables semblables. De là vient qu'en France tous les zéros demandent et obtiennent des décorations. Ils ne *sont* rien, il faut qu'ils *paraissent* quelque chose.

Les hommes de talent qui ont surgi en France depuis quarante ans sont sortis de la presse, à commencer par M. Thiers, puis de l'enseignement, de l'industrie et des beaux-arts. Soyez certain qu'un homme parvenu par son travail et son ordre à créer une maison d'industrie ou de commerce et à la gouverner, a plus de talent que tous les avocats réunis du barreau. Ces hommes-là, sans viser à l'éloquence, sauront, le cas donné, s'expliquer avec clarté et netteté et, s'il le faut, défendre leur pays mieux que tous nos soi-disants hommes du métier qui n'ont appris qu'à livrer des batailles de discours et de phrases. L'homme le plus capable et le plus honnête de la République de 48 a été M. Marrast, un journaliste. Nous verrons tout à l'heure comment la presse elle-même, devenue une avocasserie de lucre et de tripotage, a perdu toute influence et est devenue un fléau pour le pays. Véritable Samson, qui, vendu aux Dalilas, a enterré les Philistins sous les ruines de son propre suicide.

C'est pour la rendre à son devoir, à sa gloire et à son influence que j'écris ce décret.

Un des plus grands malheurs du despotisme, c'est qu'il donne une popularité imméritée à toutes les médiocrités ambitieuses, pourvu que ces médiocrités intrigantes osent attaquer le despote! C'est un avant-coureur de la chute. Favre, Trochu et Rochefort sont du nombre de ces incapacités, bien que pas un des véritables talents de la presse ne se soit jamais trompé sur leur compte. On n'a qu'à lire une page de Trochu pour se convaincre qu'il n'a absolument aucun talent, que tout en lui est filandreux, creux, enflé et qu'il ne se tient droit devant ceux qu'il critique que parce qu'il est vide. Rochefort est le fils ignorant, outrecuidant et extravagant d'une presse de procédés qui, à la place de raison, de pensée et de véritable esprit, ne combine que des sons; on dirait un flûtiste jouant un charivari. Favre est un homme que les Allemands et les Anglais appellent un batteur en grange ne battant que de la paille vide. Mais à côté de ces gonflements moraux, autant de signes de décomposition, la presse de Paris comptait dans son sein de véritables hommes de talent, de cœur et d'esprit qui, au jour du danger, eussent certainement rendu plus de services au pays que nos avocats et nos généraux de bruit, et qui, comme des tonneaux vides, ne résonnent si fort que parce qu'ils n'ont rien dans le ventre.

Plusieurs de ces talents, aigris par l'abandon, se sont jetés dans des voies de traverse, et ont fait un mal énorme au pays. Il faut qu'une puissante machine ait quelque chose à broyer, sous peine de s'enflammer et de brûler la maison. Si le talent n'est pas employé pour le bien, il se fraye une voie dans le mal, surtout le talent d'imagination, sans raison et sans philosophie. Or, la raison ne s'acquiert que par l'âge et l'étude de l'histoire, qui est la raison du passé, et quant à la philosophie, c'est un don des plus rares, qui n'appartient qu'aux élus de Dieu, car la vraie philosophie se passe de toutes les fallacieuses splendeurs de la vie matérielle et politique.

Quoi qu'il en soit, un ministère, composé le 4 septembre, de tous les hommes de talent de la presse, représentés par les *Débats*, le *Temps*, l'*Opinion nationale*, le *Siècle*, le *Réveil*, la *Revue des Deux-Mondes*, la *Cloche*, l'*Avenir national* et même l'*Univers* et le *Figaro*, avec l'exception de tous les journaux bonapartistes, dont pas un n'a jamais connu un homme de talent, aurait certainement rendu plus de services que tous les avocats, tous les décorés militaires de la France réunis. *Ils n'auraient point assumé la terrible responsabilité de continuer la guerre sans convoquer une assemblée* Cette assemblée, qu'on aurait pu réunir en huit jours, aurait voté ou la paix ou la guerre. La paix eût été faite à d'autres conditions. Si la continuation de la guerre eût été votée, tous les Français auraient été forcés de marcher, *sous peine d'être fusillés*.

Nul n'eût osé quitter la France, et même Paris vaincu, nous n'aurions point eu la Commune, car la Commune est un abcès, un cancer poussé au gouvernement de la *défaite nationale. Robespierre lui-même sans la Convention n'eût point chassé l'étranger.* On lui aurait ri au nez, comme on l'a fait à Gambetta. Il n'est pas vrai qu'en 1793 il y ait eu plus d'enthousiasme pour prendre les armes. Seulement les volontaires d'alors, y compris les chefs, étaient forcés de se battre, sous peine d'être guillotinés. Le roi de Prusse les fait bien fusiller s'ils ne veulent pas marcher. A Custine, qui, pendant une demi-heure, prétendait avoir tout fait pour défendre Mayence, Robespierre répondit les trois mots que voici : ÊTES-VOUS MORT ? Sur son silence, Robespierre ajouta : « Vous le voyez, vous n'avez pas tout fait pour défendre Mayence. » Et il l'envoya à la guillotine. Sans ces trois mots de Robespierre et la *Convention*, nous eussions aujourd'hui un volume écrit par Custine, comme quoi en défendant Mayence il avait bien mérité de la patrie. Cette réponse eût pu être faite à Uhrich, à Bazaine, à Trochu, à d'Aurelles, à Ducrot, à Faidherbe. Mais il faut une *Convention* derrière soi. Autrement ces messieurs font des discours, des livres et des mots.

Tous nos malheurs viennent de l'outrecuidance et de l'auto-admiration de nos avocats au pouvoir, qui ont mis tous les citoyens entre l'alternative d'un crime ou d'une lâcheté. Impossible d'opter sans manquer à son devoir. Je vais en donner un exemple sur moi-même, car moi je ne cache ni mes défauts ni mes défaillances.

Après avoir failli être massacré, sur la place de la Madeleine ! par une bande de mouchards de Pietri, criant « à Berlin, » et que j'ai appelés de leur vrai nom, j'ai quitté Paris, et n'y suis rentré que le 7 septembre. Au bout de trois jours, j'avais vu que tout était perdu, et que M. Trochu était le plus incapable des militaires.

Nulle part l'ombre d'un travail de défense ou d'organisation, et Paris regorgeait de travailleurs, mobiles et gardes nationaux, ne demandant pas mieux que d'être forcés de faire leur devoir, car la plupart des hommes ont besoin d'être poussés vers le devoir et l'honneur.

M. Trochu n'avait encore entrepris que des proclamations et des discours. Je l'avais vu, avec son front étroit et dénudé, passer en revue, comme un soldat en fuite, la mobile de Paris. Il avait plutôt l'air d'un coiffeur en faillite que d'un général. Je voyais tout perdu, et comme je ne me gênais pas de le dire partout, et à haute voix, mes amis me priaient de rester chez moi, et je n'avais plus de chez moi, ayant laissé ma femme chez son oncle à Londres. Le 16, j'ai rencontré, sur le boulevard des Capucines, mon ami Edmond Texier, du *Siècle*. Que pensez-vous de Trochu? lui demandai-je. Allez lui proposer, répondit Texier, la plus urgente des choses, il vous fera l'histoire de la création du monde. Nous sommes f....

Texier disait vrai. La matin même deux des membres d'un comité de défense, dont je faisais partie, étaient allés lui proposer la fortification de Montretout et un travail de terre du côté de Saint-Denis, il leur avait répondu par « l'histoire de la création du monde. »

Ce jour-là même je rencontrai, au café de Madrid, M. Delescluze, accompagné de son fidèle Leclanché. — Que faites-vous ici? me demanda Delescluze. Voulez-vous une préfecture? Vous n'avez qu'à vous présenter chez votre ami Gambetta. — Si je voulais une préfecture, lui répondis-je, je n'aurais pas attendu que j'eusse soixante ans.—Ah! bah! reprit Delescluze, vous avez bon pied et bon œil. Êtes-vous avec ces crétins? —

Je ne suis avec personne, lui dis-je, je crois tout perdu, et ne voudrais pas d'une responsabilité pareille. Trochu me paraît ne jouer au soldat que pour se rendre. Favre forge des phrases-sabres qu'il avalera en plein public. Les autres, comme le page de Marlborough, ne porteront rien du tout. Tous sont criminels pour n'avoir pas convoqué une assemblée, fût-ce seulement dans les provinces non envahies, qui eût été entièrement républicaine. C'est la même faute qu'en 1848, j'allais dire le même crime.

— Tenez, me dit Delescluze, nous allons renverser ces fantoches. Nous sommes trente mille, bien organisés et avec des chassepots. Achetez-vous un chassepot, et soyez avec nous.

— Trente mille, lui dis-je. Sur ces trente mille, vous et cinq ou six de vos amis, que je connais, croient en Dieu et sont honnêtes. Ceux du gouvernement, vous les appelez crétins, mais ceux derrière vous sont des gredins ! Vous me mettez entre un crime et une lâcheté. Il ne me reste que de m'en aller.

— Vous faites bien, me cria Delescluze. Vous êtes le premier réac de 48. Si vous tombez entre mes mains, je vous ferai fusiller comme un chien.

— Hélas ! mon pauvre ami, lui répondis-je en souriant, le plus grand malheur qui puisse vous arriver, c'est d'être vainqueur. Vos amis sont plus dangereux pour vous que vos ennemis.

Delescluze me quitta silencieusement, avec un geste particulier, comme quelqu'un se disant : ce garçon a pourtant raison.

En rentrant, et ne sachant que faire, je fus abordé sur la place de l'Opéra par une compatriote alsacienne. Je lui disais que notre chère Alsace était perdue, et que Trochu était... ce qu'il est. Deux gardes nationaux, se détachant d'un bataillon, me colletèrent, en m'appelant Prussien ! Je déclinai mon nom. — Farceur, me dit l'un d'eux, si vous étiez Alex. Weill vous n'auriez pas l'accent que vous avez. En toute autre circonstance, ce mot m'eût désarmé. Mais dans ce moment, exaspéré contre moi-même, et reprochant, comme tout le monde, mes défauts aux autres, je leur dis : « Vous êtes des imbéciles. » Ils me poussèrent, la crosse au cul, à la mairie Drouot. Là, je fus reconnu et relâché. Je courus au chemin de fer. Un train partait encore le soir. Le dernier. Je partis. A peine hors de Paris, je voulus y rentrer. Trop tard. C'était une défaillance, tranchons le mot, *une lâcheté*. Je ne me connais que celle-là. Je le sentais, je le savais, mais je l'ai préférée au crime, car mon esprit affolé de rage aurait probablement opté pour Delescluze contre Trochu. Pour comble de sottise, je n'ai pas su m'en servir pour un titre de candidature. J'y songerai peut-être.

Eh bien, tous les hommes de talent qui sont restés à Paris n'ont eu, pendant cinq mois, d'autre alternative que de soutenir un gouvernement composé de flagrantes incapacités, ou de faire litière à une bande de révolutionnaires, encore plus bêtes que méchants, mais criminels au premier chef, en présence de l'étranger. Seulement ces hommes-là, plus heureux que moi, ont eu quelques jours d'illusion. Moi, je n'en ai jamais eu, ni avant, ni pendant, ni après, ni à Paris, ni en province, ni nulle part (1).

Supposé maintenant, après l'effondrement de l'empire (car ce n'était pas une révolution, mais un engloutissement, un abîme s'ouvrant béant et dévorant tout un monde de criminels), supposez un gouvernement provisoire composé de MM. John Lemoinne, Young, Nefftzer, Scherer, Adolphe Guéroult, Renan,

---

(1) De nombreuses lettres envoyées *avant* et *pendant* le siége à mes amies, mesdames Deraimes, en font foi. Tout ce que j'ai prédit est arrivé, presque à la lettre.

Peyrat, Edmond About, Charles Fauvety, Ulbach, Texier, Assolant, Delescluze, Ranc, j'en oublie et de très-bons, de véritables talents, qui, dans ce temps, collaboraient aux journaux à la mode.

Non-seulement M. Trochu ne serait pas resté trois jours maître de Paris ; non-seulement la France eût eu un gouvernement régulier au bout de quinze jours, mais Nefftzer n'eût pas pleurniché en face de Bismark, qu'il doit avoir connu, comme moi, quand il était journaliste. Aux Allemands, il eût parlé allemand, aux Anglais, anglais. La France eût eu une paix supportable ou une guerre vraiment nationale, soutenue légalement par une *Convention*, au nom de la loi, jusqu'au dernier Français. Strasbourg ne se serait pas rendu sans assaut. Metz aurait trouvé des hommes, qui, comme au siége de Londonderry, eussent chassé les chefs plutôt que de se rendre. D'ailleurs tout général qui se serait rendu eût été fusillé sans miséricorde. Tout citoyen qui n'aurait pas marché eût été exécuté, ses biens auraient été confisqués, et distribués aux défenseurs de la patrie.

Mais il suffit en France qu'un homme ait prouvé quelque talent dans la presse ou dans les lettres, pour qu'il soit au ban de la société politique et sociale. Le dernier des parlottiers, ou des bureaucrates, ou des palefreniers gentilshommes, eût-il tous les vices réunis, fût-il notoirement incapable, prend des airs d'importance en présence d'un journaliste, qu'il appelle pamphlétaire ou folliculaire. D'où vient cette anomalie ? d'où vient cette décadence solidaire de la presse et des lettres ? Car n'allons pas accuser les autres. *Tout homme, toute classe, qui ne jouit pas de ses droits a manqué préalablement, et pendant un temps assez long, à ses devoirs.* L'homme doit tout à soi-même, à ses vertus ou à ses vices. Nul n'a le droit d'accuser le destin. Il n'y a que la justice. L'homme est libre. Son destin est dans son pouvoir. S'il fait son devoir, et son premier devoir est de travailler pour autrui, il jouira toujours de tous ses droits. Mais avant tout, il faut qu'il fasse son devoir. Avant de récolter, il faut toujours semer, sarcler, biner et encore y a-t-il des grêles et des ouragans, c'est-à-dire des désastres solidaires, qui empêchent la récolte! Ne cherchons jamais les causes de notre chute et de nos malheurs en dehors de nous. Nous devons à nous-mêmes et nos succès et nos défaites. La presse depuis nombre d'années a perdu toute influence morale, sociale et politique. Elle est déconsidérée par ceux-là même qui s'en servent, comme une vile courtisane qu'on met à la porte, après lui avoir pris santé, jeunesse et force. Cherchons-en les vraies causes, sans ambage, ni réticence, ni ménagement. Ces causes trouvées, écartons-les par de bonnes lois, par une bonne justice, car, quoi que disent les voleurs et les fornicateurs, *les lois seules font les mœurs*. Dire qu'une loi comme mon *Décret de l'amour* contre la prostitution ferait des hypocrites de vertu, autant dire qu'une loi contre le vol créerait des réceleurs. Il y aura toujours des vices et des vicieux, des coquins et des couards. Pourvu qu'ils ne soient pas à la tête de la société, pourvu qu'ils n'aient pas des journaux, des tribunes et des armées à leur disposition ; pourvu que le mal, le vice, la lâcheté, le manque au devoir, et le pire de tout, la médiocrité, ne soient pas glorifiés tous les jours dans les journaux, au théâtre, à la conférence, à la tribune. Il y aura toujours des contrebandiers et des braconniers, pourvu qu'il y ait des douaniers et des gendarmes, et qu'ils aient à leur tête des caporaux énergiques, sachant leur commander au nom de la loi et de la justice!

LE DÉCRET

DE

LA PRESSE.

I

Quoi qu'énonce l'homme, que ce soit une plate niaiserie ou une sublime vérité, il ne l'a pu articuler sans l'avoir d'abord comparée, sinon à une œuvre ou à un homme, du moins au criterium inné, c'est-à-dire à une mesure intellectuelle que l'énonciateur possède en lui et qu'à son insu il applique continuellement aux hommes pour voir en quoi ils diffèrent de son modèle (idéal) et en quoi ils lui ressemblent. C'est sur cette différence ou sur cette ressemblance qu'il loue ou qu'il blâme, qu'il approuve ou qu'il désapprouve. Tout homme donc qui dit son avis sur n'importe quoi, compare d'abord et juge après.

L'écrivain politique cite à sa barre des hommes d'État, applique leurs actions à son critérium et les juge. Le critique littéraire fait comparaître devant son tribunal auteurs, acteurs et chanteurs, leur applique son mètre spirituel en long et en large, et prononce sur la différence qu'il trouve entre eux et son idéal, lui servant de critère.

Tout honnête homme a le droit d'avoir et de dire son avis sur toute chose. Dire et publier son avis, c'est, comme nous l'avons vu, s'ériger en juge, mais à une seule condition : c'est que son jugement ne soit jamais inspiré par l'intérêt personnel, c'est que jamais le juge ne puisse manger l'huître et jeter les écailles à la face d'un public ébaubi et dupé !

Le philosophe qui condamne des erreurs religieuses par principe et conviction est un juge sacré, même s'il se trompe. Dès qu'il est prouvé qu'il ne désire renverser les idoles que pour se faire adorer lui-même, ou bien pour devenir le grand-prêtre payé du nouveau culte, son jugement, entaché du vice d'égoïsme, non-seulement n'aura pas la moindre influence, mais encore, étant un acte d'outrecuidance intéressée, mérite, sinon le châtiment, du moins le mépris.

Qu'est-ce qu'un homme dépensant 20,000 francs pour acheter de la science s'il n'a d'autre but que de la vendre 200,000 ? Un fabricant de science. Ainsi le marchand en gros achète 6 francs ce qu'il vend en détail 12 francs ; il se peut que ce marchand soit un homme respectable, mais je ne lui permets nullement de débiner ma vieille marchandise et de la dénoncer comme démodée ou pleine de tares. De même l'écrivain qui publie un livre, un journal, une pièce dans un but de succès d'argent ne saurait jamais exercer une influence morale ni sur son siècle, ni sur l'avenir. La sagesse s'impose mais ne se vend pas. Un écrivain qui n'est pas décidé à vivre pauvrement, ou à gagner sa vie par tout autre travail que sa pensée, n'a rien de sérieux à dire. Encore ce qu'il dit, si brillante qu'en soit la forme, est empoisonné par la racine. Les fruits en seront amers.

Pourquoi, dira-t-on, l'écrivain ne s'enrichira-t-il pas par son travail, comme le fabricant, le négociant, le spéculateur? Pourquoi? parce qu'il doit donner des leçons sans jamais en recevoir, parce qu'à moins d'être un juge suprême des idées fausses et des erreurs pratiques il n'est rien. Libre à lui de rester sur le niveau du marchand, de s'enrichir par ses productions ; mais alors qu'il se borne à rester marchand de vers et de phrases, et qu'il se garde bien de juger ou de critiquer quoi que ce soit. Qu'il reste porte-queue décoré et galonné de la société, mais qu'il renonce à tout jamais à l'honneur d'en être le porte-flambeau ; qu'il renonce surtout à la gloire, la consécration d'un sacrifice au nom de la vérité. La vraie gloire n'est jamais là où est le profit. Les roses ne viennent que sur des épines, jamais sur des choux. Bientôt après avoir pris l'habit de laquais on en prend l'âme et l'esprit: Apollon peut garder les moutons et devenir ministre, mais il n'eût jamais été, il ne sera jamais caissier de la société des gens de lettres!

II

Qu'est-ce au fond qu'un journal, qu'une revue? Un justicier collectif, un juge en permanence, un tribunal social devant lequel le rédacteur ou le gérant appelle tour à tour le philosophe, le poëte, l'artiste, l'homme d'État, le comédien, l'industriel qui expose sa marchandise, le *coursicoteur* qui joue à cheval, le financier qui fonde une compagnie, tout ce qui porte un nom, tout ce qui produit une pensée, tout ce qui travaille ou qui exploite le travail d'autrui. Il n'est pas d'acte de la vie privée, pour peu qu'il sorte du commun, qui reste en dehors de sa juridiction. Il ne s'agit pas de savoir quels sont les sujets que le journal ne peut pas aborder, il suffit d'indiquer ceux qui sont de sa compétence et de son ressort. Il en est le juge, puisqu'il ne peut ni parler ni écrire sans énoncer un blâme ou une louange, c'est-à-dire sans prononcer un jugement. C'est là en effet son but. Il n'en a point d'autres. A moins qu'il ne se borne à reproduire les nouvelles à la main, les faits divers du jour, sans y ajouter une observation; à moins qu'il ne soit une feuille d'annonces payées. Ce serait alors une gazette et non un journal; en ce cas point de rédacteur ni de gérant. De plus, cela ne devrait jamais être la propriété d'un homme. *Annonces et faits appartiennent de droit à la voie publique, à la municipalité, à la commune.*

Originairement cette sorte de feuille a été en effet un privilége que le roi donnait arbitrairement à un favori ; Frédéric a donné un tel privilége à son professeur de flûte. Un autre l'a accordé à son coiffeur. Mais dans ce temps les rois donnaient ce qui leur appartenait et surtout ce qui ne leur appartenait pas.

Autre chose est un journal. C'est une association de talent et d'argent pour propager certains principes; c'est une tribune ou une chaire. Plus que cela, un tribunal. Si c'est autre chose, c'est une infamie ou une niaiserie. Il est naturel qu'un démocrate ait un tribunal démocratique, et un monarchiste un tribunal monarchique. Chacun d'eux juge avec son criterium inné ou emprunté, avec sa mesure intellectuelle à lui. Quand deux, trois hommes s'unissent pour faire connaître et vulgariser leurs principes, ces principes seuls servent de critère à juger. Tout alors passe sous ce laminoir. Rien de plus juste. La liberté de l'un s'arrête toujours là où elle lèse la liberté de l'autre. Que chacun use de son droit de publier sa pensée et de critiquer ce qu'il croit injuste. Soit; il suffit qu'un principe soit sincère, il suffit qu'une pensée soit désintéressée, énonçât-elle une erreur, pour qu'elle ait le droit de se faire écouter, en respectant, bien entendu, le droit d'autrui et ne faisant pas au prochain ce qu'elle ne voudrait pas qu'on lui fît. Mais dès qu'un journal se fonde, paraît et voit le jour *uniquement pour gagner de l'argent, pour donner des dividendes à ses actionnaires ou pour pousser ses rédacteurs au pouvoir*, dût-il représenter la vérité absolue, il prononce lui-même sa condamnation. Son jugement, quel qu'il soit, entaché de corruption, doit porter malheur à l'État, à la ville, au parti qu'il sert, au peuple qui le tolère. C'est bien pis si ce même journal se fait bazar et vend lui-même directement, ou par commission, des marchandises littéraires, artistiques et sociales. Appelé à juger les productions des autres, il ne peut, sous aucun prétexte, spéculer sur le débit de ces mêmes productions ; dès lors il n'a plus le droit de critiquer une œuvre, ni de prononcer entre la vérité et l'erreur, entre le beau et le laid, entre le vrai et le faux. N'a-t-il pas l'air de dire : La marchandise seule que je vous offre est bonne, celle de mon voisin ne vaut rien. Admettons qu'au commencement ce journal insère des chefs-d'œuvre de romans, de nouvelles et de poëmes, les chefs-d'œuvre s'épuisent: un jour donné il faut passer à des œuvres médiocres; des œuvres médiocres, on tombe forcément dans le mauvais, du mauvais dans l'absurde, de l'absurde dans l'odieux, de l'odieux dans le crapuleux! Voilà donc un *établissement* qui, par sa nature, et pour pouvoir continuer son métier de *marchand de lettres*, est forcé de faire l'éloge de sa drogue et de débiner la drogue du voisin, ou bien, la rougeur au front, de supprimer toute critique. A force de débiter des mièvreries ou des immoralités littéraires qui ont du succès, le *juge* finit par perdre tout jugement. S'il ne le perd pas, l'homme d'argent, le pivot du journal, lui fera bien sentir son erreur. En tout cas le journal apprendra à se taire sur tout excepté sur les choses *rappor-*

tantes. Lui, le soi-disant gardien du beau et du vrai, courbe la tête sous les fourches caudines du dividende. Le douanier littéraire devient contrebandier, pis encore, camelotier; le médecin se fait marchand de poisons, le gendarme s'associe au voleur, au recéleur, le prêtre communie avec l'idolâtre, et c'est le peuple qui en paye les frais.

III

Et non-seulement le peuple, mais la patrie, la société entière en paye les frais. La France doit sa décadence, ses défaites et ses chutes exclusivement à la corruption de ses poëtes, de ses écrivains, de ses orateurs, de ses artistes, de ses comédiens et de ses journalistes. Depuis quarante ans, depuis l'avénement du matérialisme dans l'art, la France littéraire, politique et artistique est affectée, affligée d'une maladie horrible, incurable, qui s'appelle :

LA FOLIE CRAPULEUSE.

Une littérature crapuleuse pareille n'a jamais existé dans aucun temps, ni à Jérusalem, ni à Athènes, ni à Rome, ni en Italie du temps de Boccace, ni en Espagne vers la décadence de son theâtre, ni en Angleterre sous les Stuarts, nulle part dans l'histoire du genre humain. Le Français du XIXe siècle ne peut plus faire ni un roman, ni une pièce de théâtre, ni un poëme, ni une chanson, ni la moindre histoire d'amour sans qu'il y soit question d'adultère, de cocottes, d'entreteneurs, d'inceste ou d'un vice contre nature. On dirait une armée d'insectes ne pouvant vivre que dans des plaies cancéreuses. Si par hasard l'art français crée une honnête femme, c'est une buse. Quant à l'honnête homme, c'est toujours ou un sot ou une dupe.

Au début de cette éruption libidineuse et romantique, quelques journaux honnêtes en ont vivement senti le danger et ont protesté de toutes leurs forces. Le *National* démocratique et le *Constitutionnel* royaliste faisaient cause commune contre cette *crapulâtrie*. En vain! des journaux politiques et littéraires, exclusivement fondés pour gagner de l'argent, n'importe à quel prix, par des hommes dont la naissance même était un crime ou une honte, enrôlèrent à qui mieux mieux ces jeunes et puissants champions du vice, de la convoitise, de l'envie, de la débauche, de l'athéisme matériel et même du crime, le tout couvert d'une draperie de pourpre avec l'étiquette : L'ART POUR L'ART.

Sauf quelques rares exceptions, les écrivains français du XIXe siècle sont des esprits corrompus, immoraux, sans science ni philosophie, d'une forme brillante mais d'un savoir superficiel, se précipitant comme autant de chercheurs d'or dans l'arène de la gloire monnayée, traînant après elle amours prohibés, fausses dignités, en flattant les erreurs religieuses, les crâneries nationales et jusqu'aux vices les plus odieux de leurs lecteurs et auditeurs payants. Tous, célébrant le succès, à commencer par le leur, comme les rois du droit divin, se sont crus des êtres privilégiés et se sont permis des vices, des immoralités et jusqu'aux crimes, ignorant ou faisant semblant d'ignorer que le génie, que le talent non-seulement n'existent jamais pour eux, mais qu'en tout, surtout en morale, il faut qu'ils servent de modèles, précisément parce qu'ils sont vus de loin et de haut, et qu'ils n'ont d'autre mission que de vivre et de penser pour des générations futures, étant eux-mêmes des êtres concrets des générations passées.

Le théâtre, surtout depuis l'établissement *des droits d'auteur, établissement qui détruira l'art théâtral pour des siècles*, a produit des milliers *de créations spontanées*, surgies d'un monde de boue et de fange, et dont la *crevaison* (car toutes ces pièces crèvent au bout de quelques mois) a infecté tous les Français d'un *delirium* vicieux qui a pénétré jusqu'aux dernières couches du peuple. Quiconque voudrait pénétrer dans l'intérieur du monde des artistes reculerait d'effroi sur le seuil. Les exceptions sont rares et connues et elles n'ont pas eu d'influence, car le bon grain périt là où l'ivraie n'est pas arrachée et foulée aux pieds. Au bout de quelques années, ces mœurs *inventées* par les livres, les feuilletons et les théâtres, exclusivement pour exciter *l'acheteur*, sont devenues les mœurs réelles non-seulement de la jeunesse, non-seulement de l'âge mûr et jusqu'à la vieillesse, mais de tous les partis politiques sans exception, légitimistes, bonapartistes, orléanistes, républicains, socialistes, tous se confondent dans une mer d'immoralités du dedans et du dehors. *Le Français du* XIXe *siècle ne croit plus à aucun crime d'amour. Il ne recule que devant le mot*, attendu que le théâtre, le livre, le journal ont toujours prêché la chose en évitant ou en gazant le mot.

Là, et là seulement, est la source empoisonnée de nos malheurs nationaux, de nos défaites sans exemple et de nos déchirantes guerres fratricides. C'est cette source qu'il faut tarir au plus vite, autrement il nous la faudra combler de nos cadavres.

On s'étonne que notre génération soit débilitée, dévirilisée, sans génie et sans initiative. S'il faut s'étonner de quelque chose, c'est qu'après une littérature pareille, répandue par des milliers d'organes, glorifiée par des centaines d'hommes de talent, durant quarante années, par la presse, le livre, la peinture, la sculpture, le théâtre, le club et jusqu'à la tribune, il y ait encore en France tant d'honnêtes femmes, tant de cœurs nobles et courageux, qu'il y ait encore les *vingt hommes justes* que Dieu a réclamés à Abraham pour sauver Sodome et qui ne s'y trouvaient pas. Et qu'on ne s'y trompe pas, jamais sauveur n'est sorti d'une société de débauches, ni d'un crime d'amour. Le talent, le génie surtout jaillit toujours d'une source pure. La débauche devient une folie, une maladie du cerveau, qui est héréditaire. Rien de juste, ni de bon, ni surtout de grand ne peut en sortir.

Il est encore, pour notre bonheur, des esprits sains en France, surtout dans la presse. La presse seule aurait pu, depuis vingt ans, s'ériger en justicière et couper à la racine toute cette ivraie envahissante et florissante du théâtre et du tréteau. Mais le journal étant, avant tout, une industrie, une entreprise de lucre, l'écrivain honnête, eût-il un talent de premier ordre, n'en est jamais le maître absolu, car l'honnêteté ne fait pas d'argent, la morale, comme une honnête femme, se donne, mais ne se vend pas. Il est très-facile d'être honnête et moral, et cela n'est pas cher. Rien de plus commode ni de moins dispendieux que de se marier avec une honnête fille, de l'aimer, de n'aimer qu'elle et de partager avec elle les joies et les peines de la vie.

C'est le vice, et le vice seul qui est difficile. Si le vicieux ne louchait pas du cerveau, s'il n'était pas fou, pis que cela, un gredin, il serait vertueux par égoïsme et moral par plaisir!

Le journal donc étant devenu, comme le théâtre, une industrie, il est très-naturel qu'au lieu de le corriger, il en soit devenu le truchement et le soutien. Si, par hasard, un feuilletoniste s'avisait de dénoncer une pièce à la vindicte publique, le lendemain la réclame payée, ou une nouvelle à la main, artistement insinuée, lui donnerait un démenti dans le journal même. Outre la solidarité du vice d'organisation du théâtre et du journal, il y a la corruption par les billets de faveur. Au bout de vingt ans, le journal a perdu toute influence sur le public, sur les artistes et sur les auteurs. On ne manque pas longtemps à ses devoirs sans perdre ses droits. Les journaux réunis de Paris n'ont qu'à dire aujourd'hui qu'une pièce est immorale et faite pour des gredins et des gredines, et le succès de la pièce est assuré pour cent représentations. C'est qu'à l'heure qu'il est, il y a à Paris un public pullulant de gredins et de gredines pour remplir vingt salles de spectacles et que les honnêtes gens, imitant leurs modes et leurs manières, y vont exclusivement pour les voir manœuvrer soit sur la scène, soit dans les loges.

Le journal est, depuis longtemps, au théâtre ce qu'est le médecin à la maison de tolérance. Il en a fait ôter les dangers les plus immédiats, en réclamant des coupures, des sous-entendus et des gazes pour les crudités des choses ; le tout aux dépens des hanteurs qui, précisément à cause de ces expurgations, y ont perdu honneur et santé, et jusqu'à la conscience du bien.

IV

Tout cela, dira-t-on, est exagéré. Et d'ailleurs la liberté n'est-elle pas violée dès qu'on veut la soumettre à un principe fixe. Le premier venu n'est-il pas libre d'engager des écrivains, des journalistes, comme l'on engage des acteurs et des chanteurs, et de leur tenir à peu près ce langage : Je vous paye tant par ligne ou tant par mois, sauf à spéculer sur votre talent et sur vos opinions. A moi les risques d'argent, à moi seul! Si je ne réussis pas, vous n'êtes nullement compromis; si je réussis, eh bien, alors vous me demanderez de l'augmentation. L'homme, quel qu'il soit, n'est-il pas libre d'user et d'abuser de sa propriété? Le talent, la vérité même dont on est possesseur, n'est-ce pas une propriété intellectuelle?

Il est une vérité universellement connue et reconnue. A savoir : Que toute liberté cesse là où elle commence à léser la liberté d'autrui. Si la liberté était individuellement absolue, elle serait tout simplement le droit du plus fort. Je serais libre, moi, de me promener suivi de mon lion qui ne me mordrait pas, au risque qu'il croque mon prochain. Je cite cet exemple de la voie publique parce qu'il est frappant. Il me serait permis, parce que j'ai trop chaud, de me montrer tout nu dans la rue.

Le despotisme n'est autre chose que l'accaparement de la liberté pour un seul, ou pour une classe unique.

Or, violer la liberté d'autrui est un mal, et le premier devoir de la société est d'empêcher ce mal, ce despotisme de la force, qu'elle soit brutale ou intellectuelle, pour que chacun puisse jouir de sa liberté.

C'est une grande erreur, une erreur capitale, j'allais dire cardinale, de croire *que l'amour du bien soit possible sans la haine du mal. Le bien n'est jamais et nulle part possible, avant que le mal soit chassé devant lui, comme le feu chasse le froid, comme les ténèbres fuient devant la lumière.* Toutes les lois sociales sont négatives. « Tu ne tueras pas, tu ne voleras pas, tu ne tromperas pas ton prochain. » J'ai beau faire le bien, dès que mon voisin peut faire impunément le mal, les conséquences de ce mal détruisent les effets du bien et me détruisent moi-même en très-peu de temps. Avant de tirer du fruit d'un terrain gras, il faut en extirper les mauvaises herbes, chasser les reptiles et les insectes, et faire écouler les eaux stagnantes. *Partout le bien est le fruit du mal vaincu.*

C'est là une loi divine de la solidarité. La solidarité a toujours existé, bien qu'elle ne fût pas toujours reconnue. Non-seulement le méchant cueille les fruits plantés et cultivés par le bon, mais encore les conséquences inévitables des méchancetés de l'homme injuste retombent sur le juste et ses enfants. — Horreur ! blasphème ! criera-t-on. — Non ! justice, solidarité. C'est à vous, humains, qui par vos actions et vos œuvres tenez votre bonheur et votre malheur dans vos mains, à vous d'empêcher qu'il y ait des méchants, des hommes injustes, des journalistes manquant à leurs devoirs, abusant du droit. Vous le pouvez, vous le devez. Nul n'a le droit de se croire juste, avant qu'il ait tout employé pour que pas une injustice ne soit commise envers qui que ce soit. Autrement être juste, ce serait être plus égoïste. Il suffirait de se claquemurer dans un couvent, étudier ou y planter ses choux, ne pas faire du mal et laisser fondre sur le monde toutes les calamités, tous les désastres provoqués par quelques hommes violents, injustes et astucieux, n'admettant que la force de la victoire, et le droit de quelques auxiliaires avec lesquels ils partagent le butin fait sur la faiblesse vaincue.

Rien de plus facile à résoudre que ces soi-disant problèmes insolubles de la métaphysique, pourvu qu'on y applique une raison sincère dégagée de tout préjugé d'école et de tradition.

V

Appliquons ces principes à la presse.

Si le journal n'est qu'une gazette, qu'un facteur de nouvelles, qu'une planche d'annonces, il rentre dans la catégorie du commerce. — J'ai déjà dit que c'est une question de voie publique et de municipalité. — Admettons que chacun soit libre de chercher des chalands, à une condition pourtant : c'est qu'il ne se mettra pas sur le seuil de sa boutique pour décrier la marchandise de son concurrent. Autrement, des paroles on en viendrait aux voies de fait, puis à la guerre civile, et tout finirait par le droit du plus fort. Chaque parti aurait recours aux gendarmes, et c'est à qui les aurait seul pour continuer son négoce, après avoir supprimé tout concurrent !

Quel est le but d'un journal, quel que soit son point de départ, de repère et d'arrêt ? C'est d'enseigner le bien contre le mal, de chasser l'ignorance par la science, de confondre l'erreur intéressée par la vérité désintéressée, de propager le plus de lumières possible, afin de dissiper les ténèbres. Que le principe prêché par chaque journal soit vrai ou faux, peu importe ! Il suffit que l'on croie sincèrement vrai ce que l'on défend, et sincèrement faux ce que l'on attaque. Or, je défie le dialecticien le plus retors de me citer une seule vérité admise ou niée, qui, réduite à sa substance essentielle, ne se traduise par un SACRIFICE quelconque, sacrifice de soi-même pour le bien d'autrui, de l'individu au profit de la société ! Je viens de définir la liberté la plus absolue, s'arrêtant toujours là où elle lèse la liberté d'autrui. Je prêche un principe que je crois vrai, mon voisin le croit entaché d'erreur. Non-seulement il faut que je l'écoute, que je l'examine, mais encore, pour lui laisser la liberté de croire ce qu'il croit, il faut que je sacrifice une partie de la mienne. Il en est de même de toute vérité. Tout progrès historique est une part de sacrifice individuel pour le bien général, un combat de la raison philosophique contre l'erreur religieuse. La raison, en se sacrifiant elle-même, demande à son tour le sacrifice de tout privilége, du fort en faveur du faible, au nom de la vérité et de la justice en soi, jamais au nom d'un intérêt quelconque !

Citons quelques exemples. Je me trouve dans un pays d'anthropophages ou d'esclaves. Il y a toujours plus de mangés que de mangeurs, car on n'est mangé qu'une fois et le même mangeur mange souvent; toujours le nombre d'exploités dépasse le nombre d'exploiteurs. J'arrive et je dis au sauvage : il ne faut plus rôtir ton semblable, et au propriétaire d'esclaves je dis : il ne faut plus exploiter ton prochain. Ce sauvage est le plus fort, de même que le négrier. L'un peut me manger, l'autre m'asservir. Il commencera par se demander : quel intérêt a cet homme que je ne connais pas, auquel je n'ai fait aucun mal jusqu'à ce jour, pour me conseiller ce sacrifice ? Pour peu qu'on lui réponde : *Cet homme, mais il est payé par les mangés, par les esclaves. Ou bien il flatte leurs penchants pour s'enrichir, pour les dominer, pour les exploiter à son tour;* à l'instant le maître tombera sur moi, me rôtira ou m'enchaînera. Son action est détestable, odieuse Mais la mienne, si elle est intéressée, en est-elle meilleure? Elle n'est pas pire, voilà tout. C'est une guerre de parti, une injustice qui en combat une autre. *Le tout est de savoir qui des deux sera le plus fort.* Ce n'est pas le jour contre la nuit, la lumière contre l'obscurité, l'ordre contre le chaos, le bien contre le mal, la justice contre l'injustice, la vie contre la mort, ce sont deux intérêts différents qui s'entre-choquent, se livrent une guerre stérile. J'aurai beau crier : Mais cet esclave me paye parce qu'il ne peut pas se défendre lui-même; sa cause est juste. Dès qu'il vous paye je n'ai pas à rechercher si vous avez raison ou non. Vous, avocat, vous plaidez pour votre intérêt; moi, je défends le mien. *Une cause juste ne prouve sa légitimité que par la justice en soi, par la beauté du principe, par la vertu du sacrifice.* Et de fait nulle vérité ne s'est établie sur la terre sans cette vertu. Affranchir le monde de ses erreurs par le *bénéfice*, faire une bonne affaire en prêchant aux grands et aux forts de se départir de ce qu'ils appellent leur droit et d'abandonner leurs priviléges, c'est le comble de l'absurde. Pourquoi pas ? répondra-t-on. La majorité ne sera-t-elle pas pour le prédicateur. La masse la plus forte n'est-elle pas altérée de liberté et de bien-être ? — Oui, *de fausse liberté*, qui la plongera forcément dans l'esclavage le plus abrutissant. Prêchez aux hommes *le droit sans le devoir*, *la liberté absolue*, et chacun poussé par l'intérêt individuel s'abonnera, payera, lira et criera *bravo*; d'autant plus facilement qu'il sent l'injustice dont il est victime. Mais qu'il jouisse seulement durant huit jours de ce droit *qui n'a pas jailli d'un devoir accompli, d'un sacrifice*, et à l'instant, il en abusera, il violera la liberté du prochain, il deviendra ou tyran ou esclave. En vertu de la loi de la solidarité, le droit de l'un est toujours le fruit du devoir accompli de l'autre. Si le plus fort ne fait pas son devoir, comment le plus faible jouira-t-il de son droit? Et comment affirmer un principe de justice *en soi*, sinon par le sacrifice de soi-même, par la vérité dégagée de tout intérêt égoïste; car toute vérité contaminée, adultérée par une arrière-pensée d'ambition ou de lucre, est stérile et impuissante.

Non, rien ici-bas ne dure que par le sacrifice. C'est avec une partie de sa vie que l'homme crée une autre vie. La lumière se consume en éclairant.

Certes, la société de Jérusalem, d'Athènes, de Rome, et même celle d'il y a cinquante ans n'est plus la société actuelle. Elle a d'autres besoins; mais les lois en vertu desquelles les hommes ont existé il y a trois mille ans, sont absolument les mêmes que celles en vertu desquelles existe la société d'aujourd'hui, et il en sera ainsi de toute éternité. Jamais ces lois ne changeront ni ne progresseront. Tout le progrès de l'humanité consiste à pénétrer mieux l'essence de ces lois et à s'y conformer. Je ne sais pas ce qui aura lieu quand les hommes posséderont toute la vérité; mais à coup sûr quand il sauront que d'eux seuls et de leurs actions dépend leur bonheur ou leur malheur, leurs travaux convergeront tous vers le même but. Hélas, des milliers d'années passeront avant que les humains reconnaissent cette loi. La marge est large encore pour les travailleurs divins. Dans le passé le plus reculé, de grands voyants ont entrevu cette loi et en ont posé les jalons. Nos pères n'ont-ils pas vécu et ne sont-ils pas morts pour nous? Il est vrai qu'ils n'ont pas fait des livres et des journaux uniquement dans le but de s'enrichir, et qu'ils n'ont pas prêché la liberté pour donner des dividendes à leurs actionnaires.

Que les hommes aient reconnu ou non la vérité, qu'ils en aient entrevu ou non une partie, la loi n'a pas changé et le progrès ne s'est jamais manifesté que par le sacrifice. Avec le progrès, avec les sacrifices des uns, les malheurs des autres ont toujours diminué. Venir aujourd'hui proclamer le contraire, dire *en maximant ses pratiques* que l'humanité progressera par l'intérêt égoïste ou collectif, que les principes du beau et du vrai ne sont plus les mêmes et ne se dégagent plus de la même manière des enveloppes de ténèbres et d'erreurs, c'est nier le jour en plein midi, c'est étaler l'ignorance la plus honteuse de la loi et de l'histoire. Les faits de l'avenir peuvent être autres que ceux du passé, mais le procédé en est et restera le même. Rien n'a été acquis, et rien ne sera acquis sans sacrifice. Si aujourd'hui vous jouissez de certains biens relatifs, vous les devez aux sacrifices de vos pères. Ceux-là ont compris leur mission. Maintenant vous croyez que le temps d'égoïsme est venu, qu'il suffit de gagner de l'argent avec des journaux et des revues pour évoquer le progrès et pour couler des jours de repos et de festins. Soit. Mais vos enfants mendieront sur les grands chemins. Mais vous-mêmes vous roulerez, vous croulerez dans des abîmes de boue et de sang(1) !

---

(1) Ce passage a été écrit et imprimé en 1864.

VI

Et de fait la stérilité ou plutôt la mauvaise influence de la presse depuis quarante ans saute aux yeux des hommes les plus indifférents. Elle est stérile et malfaisante, non parce que c'est sa nature, comme l'a dit Girardin, mais parce qu'elle s'est corrompue comme une courtisane par ses petites pratiques et ses basses manœuvres.

Citons un exemple. Voilà vingt-cinq ans que la *Revue des Deux-Mondes* existe. Elle a vingt mille abonnés. M. Buloz, qui ne vaut ni plus ni moins que tout autre propriétaire de journal, a gagné des millions et exerce son droit du suzeraineté sur des centaines de vassaux et de vavassaux littéraires et politiques. Où est l'anatomiste, l'analyste philosophique et littérair qui, dans un rapport net, succinct et clair puisse dire aux génér - tions à venir en quoi, pourquoi et en vertu de quoi cette Revue a existé et existe encore. Elle a, il est vrai, publié les immorales œuvres de George Sand, de Balzac, de Musset et de bien d'autres. Elle leur doit en quelque partie sa fortune. Y a-t-il à l'heure qu'il est un Français qui doute encore de la mauvaise influence de ces œuvres de dissolution sociale ? En restera-t-il autre chose dans un court avenir que du guano littéraire ? Y a-t-il un père de famille qui dira à son fils : Pour faire de toi un homme bien élevé, un honnête citoyen, un Français parfait, il faut que tu aies lu Balzac, Dumas, George Sand et Alfred de Musset ? Ces œuvres ne seront-elles pas classées sous peu de temps dans la même catégorie que celles de Rétif de la Bretonne, de Crébillon et de Louvet ? Elles le sont déjà pour l'Europe. Vous ne verrez pas un seul Anglais ni un seul Allemand lisant ces œuvres pour former son cœur et son esprit, pas même pour apprendre le français! Un jeune Français pour apprendre à bien parler sa langue, faut-il qu'après Molière, Racine et Voltaire il ait lu Balzac, Sand et Dumas?

La vérité est que M. Buloz n'avait d'autre but que de s'enrichir et d'attirer les chalands, n'importe par quels moyens. Peu lui importait la vérité, la morale, Dieu ou diable. Il ne savait même pas que l'erreur philosophique, que l'immoralité dans les œuvres littéraires contribuaient à la décadence de la patrie et c'est là la seule circonstance atténuante de son crime social. Quant à la nécessité de faire vivre des littérateurs immoraux, quel que soit leur talent, autant parler de la nécessité de faire vivre des prostituées, quelle que soit leur beauté. La littérature n'est pas un concours de joueurs de flûte pour cueillir les faveurs d'Amaryllis, *mais la recherche de la vérité, sous n'importe quelle forme*, car de cette vérité seule jaillissent et jailliront toujours le salut de la patrie et la paix du monde. D'elle seule naît la justice aussi bien que la liberté, la santé du corps aussi bien que celle de l'esprit, l'amour de la femme aussi bien que l'amour de Dieu et du prochain. Avant de prendre la plume, tout écrivain doit se poser la question que voici : Pourquoi suis-je homme de lettres et journaliste plutôt que négociant, financier, cuisinier ou chaudronnier? Si c'est pour avoir de grands succès de réputation se payant en droits d'auteur ou pour mériter les faveurs de certaines catins, bien! Libre à chacun de se marquer le but. Mais en ce cas de quel droit cet artiste de plume et de parole juge-t-il, critique-t-il, blâme-t-il quoi que ce soit? En vertu de quel principe? Le bottier d'un ministre se permettra-t-il de lui dire : Monsieur, j'ai là une très-belle forme de botte, de mon invention. Seulement votre pied étant mal fait, vous permettrez que je vous le coupe, afin de l'adapter à la forme *que je vous vends?*

VII

Et il ne faut pas croire que la presse française seule se soit corrompue par le lucre et l'immoralité, la presse anglaise et allemande a suivi la même voie. Il est vrai que la presse anglaise n'insère pas encore des feuilletons-romans et des réclames financières. Elle ne cherche pas à attirer le public par des vices bien stylés et des immoralités couvertes de fleurs de rhétorique. De plus, la loi sur la diffamation, *qui, en France, n'admet pas la preuve*, n'existe ni en Allemagne, ni en Angleterre. Cette loi à elle seule rend tout journal honnête impossible. Mais l'annonce, la réclame, et l'âpreté de gain aux dépens de la vérité ont créé en Angleterre et en Allemagne de véritables citadelles de mensonge, de corruption et d'infamies sociales. De deux choses l'une : ou il faut que ces citadelles disparaissent, soit violemment, soit par la volonté de tous, ou ces deux nations avant peu suivront la France dans sa décadence et tomberont encore plus bas qu'elle. Car la France du moins sent les dangers d'une presse vénale, tandis que l'Allemagne et l'Angleterre dorment encore sur un volcan de fange et de sang.

Tout le monde connaît l'influence du *Times*, sa versalité, sa médiocrité et sa vénalité. C'est un certain M. Walther qui en est le propriétaire. Quelqu'un peut-il dire en vertu de quel devoir accompli ce monsieur exerce un droit exorbitant pareil ? C'est en vertu de ses annonces, me répond-on. De quel droit un citoyen quelconque accapare-t-il la voie publique, car l'annonce c'est la rue, le son de trompe, c'est le tambour du moyen âge. C'est le privilége de la municipalité. Le *Times* est-il le plus raisonnable, le plus vertueux, le plus judicieux de tous les journaux ? Nullement. Il est plus plat, plus injuste, plus médiocre, plus versatile que tous les autres. Il est possible qu'il soit moins vénal qu'on ne le prétend, mais il suffit qu'on le dise pour qu'un organe pareil, ayant une si grande influence, soit réellement démoralisant et pernicieux. Et en effet, à une presse pareille aucune nation ne résistera quarante ans. D'autres organes n'ayant d'autre but que le lucre se sont fondés à côté. A l'heure qu'il est, tout Anglais sait que n'importe quel journal de la Cité n'a plus d'autre but sérieux dans ses polémiques, dans ses critiques, dans ses correspondances, que de faire une concurrence au *Times* ou au *Standard* et de gagner le plus d'argent possible. Qu'en est-il résulté? Ceci : qu'il n'y a déjà plus à l'heure qu'il est un seul homme d'État anglais qui ait du caractère et du talent réel, agissant en vertu d'un principe et d'une conviction sérieuse.

L'Angleterre, grâce à sa presse, est aussi pauvre en hommes d'État que la France. Non pas qu'elle manque d'hommes de talent, la France n'en manque guère non plus, mais, comme la France, elle a perdu la *mesure morale* pour les mesurer, pour les juger, pour les classer. Il suffit, grâce à la presse anglaise, qu'un homme sache parler avec facilité et une certaine élégance pendant une heure sur n'importe quelle question, pour qu'il passe homme d'État. Aussi n'y a-t-il plus dans ce pays que des Ollivier et des Favre, en attendant des Trochu. Gladstone, un vrai *Cœur léger* changeant de principe comme on change de veste, passe pour un homme d'État. Pourquoi pas ? Il vaut bien M. Walther du *Times* ou M. Levy du *Daily Telegraph*. Mais il n'en vaut guère plus. Macaulay, le plus grand écrivain, le plus grand penseur anglais du XIXe siècle, ne sachant pas parler et méprisant les propriétaires de journaux, n'aurait jamais été admis comme premier ministre. A l'heure qu'il est, la Révolution commence en Angleterre, et cette révolution, qui ne sera pas évitée par des réformes, sera exclusivement due à la presse anglaise qui, si corrompue qu'elle soit, dirige l'opinion publique, et qui en somme n'a d'autre but *que de s'enrichir aux dépens de ses lecteurs, ses dupes et ses victimes.*

Quand j'étais jeune, il y avait en Allemagne une presse dirigée, non par des spéculateurs, mais par des professeurs, des docteurs et des écrivains. Certes, ces professeurs, ces docteurs, cherchaient à gagner leur pauvre vie avec leurs feuilles, mais ils avaient chacun un principe et une doctrine, même en littérature, et le lucre n'était pas le seul objet de leur publication. D'ailleurs il fallait si peu d'argent pour publier une de ces feuilles que tout homme de talent pouvait se payer le luxe d'un journal. Peu à peu, grâce aux annonces, aux bourses et à la rage d'imiter la presse française, gagnant des millions avec des réclames et des romans, il s'est formé en Allemagne une presse mercantile, en dehors de tout principe philosophique et littéraire, une presse, qui, après avoir tué ou absorbé les journaux littéraires, après avoir engagé les poissons, c'est-à-dire les écrivains, à quitter l'eau, leur élément et leur principe, pour sauter et mourir sur le tapis vert des salons, est devenue, sans exception, le satellite de M. Bismark et de son principe de *la force contre le droit.* Ces journaux-là ont fait d'immenses fortunes. Ils ont dévoré toute la vieille presse honnête, qui n'aurait, certes, pas servi d'instrument à la tyrannie morgueuse, mais soudoyante de Bismark. *A l'heure qu'il est il n'y a plus un journal libre en Allemagne.* Et pour ne pas rougir de leur rôle, la plupart, après avoir empoché la solde de l'esclavage, crient bien haut qu'ils agissent librement, par patriotisme, et, naturellement, faisant du zèle, sont plus Bismarkiens que Bismark lui-même.

Mais, dira-t-on, n'ont-ils pas réussi à agrandir l'Allemagne? N'ont-ils pas contribué à annexer l'Alsace et la Lorraine? Oui, certes. Ils ont ces deux provinces, et avec elles une guerre éternelle, une guerre d'extermination, qui ne cessera pas d'ici à cinquante ans. Nous verrons bientôt ce que l'Allemagne doit à cette presse soi-disant NATIONALE, et corrompue jusqu'à la moelle. Jadis la presse en Allemagne était décentralisée une vérité que l'on ne pouvait pas dire à Berlin ou à Vienne, on la disait à Hambourg ou à Leipsick. Les mauvais journaux étaient neutralisés par les bons. Aujourd'hui *il n'y a plus qu'un seul journal en Allemagne sous différents titres*, et ce seul journal ne prêche plus qu'erreur et mensonge, que violence et tyrannie. Ce seul journal monstre n'a plus qu'un but : GAGNER DE L'ARGENT et ne pas heurter de front l'empire, soi-disant national. Si cette presse pouvait porter des fruits salutaires, ce serait un démenti donné à toutes les lois divines de la nature. De toutes les presses européennes, la presse allemande, à l'heure qu'il est, est la plus médiocre, la plus mensongère, la plus mal écrite, la plus corrompue et la moins littéraire.

VIII

Revenons à la presse française.

Aucune honnête presse ne serait nulle part possible avec une loi sur la diffamation, dans laquelle est inscrite la clause : LA PREUVE N'EST PAS ADMISE. Dans ce monde il n'y a pas d'autre justice que la condamnation de ce qui est injuste, pas d'autre amour du bien que la haine du mal, pas d'autre honneur à établir avant le mépris et la poursuite de tout ce qui est contraire à l'honneur. Tous les laboureurs du monde laboureraient, semeraient et planteraient à la fois, il ne viendrait pas un épi de blé, si ces mêmes laboureurs ne sarclaient pas, n'arrachaient pas la mauvaise herbe. Une brebis galeuse suffit pour détruire tout un troupeau; un sale petit ruisseau, comme l'*Arve*, donne sa couleur et son limon au puissant et limpide *Rhône*. Un seul vice toléré rend toute vertu impossible. Dans une société où il n'est pas permis de flétrir, non-seulement le vice, mais le vicieux, il n'y aura bientôt plus ni vertu ni homme vertueux. Ce n'est point en récompensant la vertu que la société existe, — cela lui est d'ailleurs impossible, – mais en flétrissant le vice. Par cette action seule la vertu est possible, comme la propriété n'est possible qu'en condamnant le voleur.

Or, la presse ne saurait être autre chose qu'une éternelle critique. Il n'y a qu'*Une* vérité morale contre des millions d'erreurs, et tant que l'humanité existera, il faudra chasser ces millions d'erreurs par la seule, unique, vieille et éternelle morale. La vertu, l'honneur, la justice, la gloire, c'est partout la même chose. C'est partout le sacrifice de soi à autrui. Un honnête homme, a dit un grand poëte, ne va nulle part plus loin que d'être bon époux, bon père et bon citoyen. On n'est ni bon mari, ni bon fils, ni bon père, ni bon citoyen, que par le sacrifice d'un plaisir, d'un intérêt, d'un égoïsme quelconque à un autre individu ou à un groupe d'individus. La politique n'a pas d'autre champ. Il n'y a pas de ligne de démarcation entre la vie privée et la vie publique. Dans tous les temps et dans toutes les situations, l'honneur, l'honnêteté, la gloire exigent que l'on sacrifie quelque chose de soi, de son temps, de son esprit, de sa fortune, à autrui ou à une société composée de plusieurs *autrui*. Si donc un journal veut contribuer au bien de la patrie, de la cité ou d'une corporation, il ne suffit pas d'écrire des phrases élogieuses sur la vertu et les hommes vertueux, il faut, avant tout, qu'il puisse flétrir le vice et les hommes vicieux, qu'il puisse chasser du *forum* tous ceux qui se sont rendus indignes d'y paraître pour briguer les suffrages du peuple. Ce n'est pas le *droit* mais *le devoir* de toute honnête feuille de pousser ses investigations jusque dans la vie la plus privée de tout individu qui se présente, non-seulement pour se charger des affaires publiques, mais qui simplement veut se mettre sur le même rang des honnêtes gens, qui ont fait des sacrifices à l'honneur et à la vertu. Et dès que cette critique sera regardée comme un devoir, nul ne s'en chargera, à moins de pouvoir prêcher d'exemple et de pouvoir dire à ses concitoyens, fouillez dans ma propre vie, et voyez si j'ai le droit de critiquer les autres, car ce droit ne s'acquiert que par le devoir accompli.

Rien de tout cela n'est possible avec une loi qui n'admet pas la preuve. Tout d'abord, une loi pareille ne pouvait pas être faite par de parfaits honnêtes gens. On comprend qu'un *Fra Diavolo*, qu'un *Zampa* ou qu'un *Don Juan* devenus de vieux repentis, et désirant se faire nommer maires ou échevins, fassent une loi pareille. Ils n'aiment pas qu'on leur rappelle leurs vieux péchés et leurs vieux crimes. Mais la loi une fois adoptée, nul commandeur ayant une jeune fille n'est plus sûr de sa vie, nul voyageur n'est plus sûr de sa bourse. Du moment que moi, journaliste, je ne peux pas dire à un Don Juan briguant l'honneur d'être député, vous êtes indigne de ces fonctions, vous avez violé, vous avez volé, vous avez même assassiné, aucun jeune homme ne cherchera plus à vaincre ses passions violentes pour être à l'âge mûr digne d'honneurs publics et de représenter les intérêts de ses concitoyens. Il y a plus. Dès ce moment le journaliste devient lui-même une canaille, ou plutôt la canaille se fait journaliste, pour calomnier et injurier les honnêtes gens. Cela devient un métier. Vous avez beau le condamner trente fois à 500 francs d'amende, comme la preuve n'est pas admise, cette canaille, qui s'appellera bientôt légion, dira à l'honnête homme, il en restera toujours quelque chose. Vous avez beau me faire condamner, vous l'êtes plus que moi, et vous feriez bien mieux de me payer plutôt que de vous exposer à mes insinuations calomnieuses. De là *le chantage* en gros et en détail, dans le monde des arts, comme dans le monde politique, *chantage qui n'existe ni en Angleterre ni en*

Allemagne. Dans ces pays, si vous dites ou si vous faites sentir qu'un tel a volé, ou qu'il a fait faillite, ou qu'il a suborné une femme, ou qu'il a commis une simple indélicatesse, l'accusé, le lendemain, vous cite devant la justice, et vous dit: « Donnez la preuve de l'accusation que vous portez contre moi, sinon, je vous cite à mon tour. » La preuve n'étant pas donnée, le journal, y compris l'imprimeur, est condamné, non-seulement à l'infamie, mais encore à une forte amende.

Trois journaux anglais viennent d'être condamnés à 50,000 francs d'amende, à payer au mari de Jenny Lind. Ils l'avaient accusé d'avoir gaspillé la fortune de sa femme. Non-seulement ils n'en ont pas pu exhiber la preuve, mais l'accusé a produit la preuve contraire. Et ils ont payé. En France, M. Goldsmith, le mari en question, n'eût eu d'autre alternative que de provoquer son calomniateur en duel, et de risquer sa vie. Mais même la mort n'eût pas éteint la calomnie, après une stérile condamnation à 500 francs d'amende et à 8 jours de prison.

Aussi, grâce à ces cinq mots, des spadassins, des bohèmes, des souteneurs de filles, des joueurs, des hommes notoirement vicieux, peuvent fonder en France une presse de scandales, de demi-monde, des journaux de course et de bourse, qui, en peu de temps, empiètent sur le domaine politique, et gagnent plus d'argent que tous les journaux honnêtes réunis. A chaque protestation ils sont prêts... non à donner des preuves, mais à dégainer. En outre, comme la preuve n'était pas admise depuis plus de trente ans, une grande partie du monde officiel était composée d'hommes tarés, vicieux, dormant le sommeil du juste sur ces cinq mots qui étaient tout leur évangile.

C'est la presse de scandales qui a largement contribué à la dernière guerre. Pour vivre, pour se vendre à un grand nombre d'exemplaires, il lui fallait toujours ce que les Anglais appellent un grand *excitement*, c'est-à-dire de vrais ou de faux événements. Habitué à se vendre à cent mille exemplaires, elle courait après les grandes catastrophes, et les eût créées au besoin, sans réfléchir une minute aux suites désastreuses pour le pays. La guerre était pour elle *une bonne affaire*, une seconde affaire Tropmann. Elle comptait envoyer le ban et l'arrière-ban de sa rédaction à l'armée, qui, par leurs récits émouvants, eût fait monter le débit du journal à deux cent mille exemplaires.

La république ne peut pas changer cet état de choses. Tant que ces cinq mots malhonnêtes, « la preuve n'est pas admise » resteront dans la loi, pas un honnête homme ne peut compter sur la justice, pas un honnête homme n'est certain d n'être pas forcé de casser la gueule à un diffamateur spadassin, qui, de la diffamation couverte ou mi-couverte, ouverte ou mi-ouverte, veut se faire une spéculation, d'autant plus qu'il voit des prédécesseurs, qui, non-seulement, ont fait fortune, mais qui encore sont parvenus, après avoir fait le métier de Don Juan et de Fra Diavolo, à jouer le rôle de justiciers, exigeant honneur et dignité, calomniant, injurian tous ceux qu'ils osent appeler leurs adversaires politiques.

IX

Et qu'on n'imagine pas qu'il suffise d'établir le jury pour les délits de presse, pour la régénérer ou même pour lui rendre sa dignité native et son influence! C'est absolument comme si l'on croyait qu'il suffirait de la police correctionnelle ou de la cour d'assises pour élever la famille et fonder une école. Il faut une justice contre le crime et le criminel, sans laquelle le bien ne sera pas possible; mais il faut des principes de vérité et de vertu pour faire un bon citoyen, pour élever un honnête homme. Malheur au pays qui ne compte que sur la répression et le châtiment. Si pour chaque citoyen il faut un gendarme, il faudra bientôt un autre gendarme pour garder le premier. En très-peu de temps il n'y a plus que des brigands. Et de même qu'il faut une famille, une cité, une patrie et des principes spirituels pour élever un fils, un père, un mari, un citoyen, un homme, de même il faut à la presse une espèce *de famille corporative* pour conserver sa dignité, pour maintenir les principes qui sont sa vie, son honneur et son élément naturel.

Folies que tout cela! A ce titre il ne serait plus possible de faire un journal, car il n'y aurait bientôt plus de journalistes.

Je réponds hardiment et logiquement que le journalisme est un devoir, une passion, une vocation, *mais jamais un état*. Les lettres non plus ne sont pas un état. Ou elles sont une vocation, un produit naturel de la nature qui, comme tous les produits, s'ennoblissent par la culture, ou, si elles sont un état, elles sont le dernier des métiers, la plus vile de toutes les industries.

Le beau rôle que celui d'un homme qui dit à son prochain : mon frère, vous êtes mal élevé, la religion que vous adorez repose sur des erreurs et des préjugés ; la société que vous fréquentez est remplie de sots et de méchants; vous passez votre temps à des frivolités, vous gaspillez votre jeunesse, vous compromettez votre avenir, vous n'entendez rien ni au beau ni au vrai, ni à l'agréable, ni à l'utile, — maintenant que je vous ai dit toutes ces vérités crues ou dorées, payez-moi. « A moins d'être encore plus drôle et de dire aux hommes : Que vous êtes beaux, spirituels et magnanimes ! vous êtes tous de vrais fils de Dieu ! toutes vos actions sont frappées au coin de la justice; vos guerres, vos discussions, vos querelles, sont nécessaires, indispensables au progrès; tout ce que vous faites touche au sublime. Vivez, amusez-vous, et mourez tranquilles, car vous êtes immortels. Seulement voici le quart d'heure de Rabelais ; — payez-moi. »

Non, non, non, mille fois non ! il n'est de journaliste ni d'homme de lettres, à moins d'une complète indépendance, soit par une grande fortune, soit, mieux encore, par le dédain de la fortune. Et ce journalisme sera tôt ou tard récompensé par le peuple et la nation.

Et tant mieux si la jeunesse capable est forcée de gagner sa vie autrement que par des articles de journaux et des livres. Si elle a réellement du talent, ce talent ne perdra rien à mûrir. Le plus grand bonheur pour un écrivain, c'est d'avoir attendu l'âge de raison pour publier ses œuvres. Plût à Dieu que j'eusse attendu moi-même cet âge ! Ne vous inquiétez pas de vos moyens de vivre. Les bouvreuils, les serins n'ayant qu'une note à gazouiller ont besoin d'une cage pour avoir du millet et du sucre. Donnez-leur la liberté, les chats et les éperviers les mangeront. Mais le rossignol libre trouve toujours un ver pour se nourrir et ce ver lui suffit. Que des Gilbert, des Moreau, des Millevoie meurent, peu importe à la société, ils n'avaient qu'une note et toujours la même. Plus ils auraient gagné d'argent, plus vite ils seraient morts. Mais des Corneille, des Racine, des Fénelon, des Molière, des Voltaire, des Rousseau, ne meurent pas avant d'avoir accompli leur mission. La même force qui fait leur génie et leur vocation les soutient dans toutes les vicissitudes. Ils savent attendre, car ils savent vivre pauvres.

Il en est de même du comédien. Avant que ce ne fût un état, il y a eu des comédiens de génie et des actrices d'un grand talent. Mais depuis que cet art est devenu un métier, il n'y a plus que des histrions plus ou moins élégants et dissolus. Vénus sur les planches a remplacé Minerve, et quelle Vénus ! On naît homme de lettres, journaliste ou poëte, mais on ne le devient jamais à force de rentes, de décorations et d'honneurs. Nous sommes tellement embourbés dans l'erreur, que notre esprit même ne connaît plus ni son essence ni sa nature. Si la presse a eu de l'influence, c'est que, dans son origine, quelques feuilles ont été fondées par des hommes de devoir dont les uns ont sacrifié leur argent, les autres leur talent, *parfois tous ensemble leur vie comme en* 1830. Ce sont là les conditions vitales d'une presse digne d'être libre. Autrement un journal n'est qu'une machine de flibusterie ou un instrument de dividendes. L'adversaire a beau vous ressembler, ce sont alors deux maux au lieu d'un ! Pour combattre l'erreur il faut la vérité, pour neutraliser l'intérêt il faut le dévouement, pour extirper l'injustice il faut la justice, plus que cela, le sacrifice de soi-même.

Y a-t-il aujourd'hui un propriétaire de journal dans ces conditions? Non! alors donc la loi que la presse invoque, *la loi des lois*, la justice prototypique, le *droit* enfin, ce droit que, d'après un grand poëte, les hommes ont toujours arraché au ciel, et auquel la presse demande sa liberté absolue, peut leur dire: « Que me voulez-vous? Je ne vous connais pas. Vous être des traficants et non des prédicants, des commissionnaires et non des missionnaires ! Vous voulez réformer les gouvernements, mais ils sont mes fléaux avec lesquels je châtie des égoïstes comme vous, des matérialistes comme vous, des mercenaires, des marchands, des laquais comme vous ! ! Vous voulez que d'autres fassent des sacrifices au nom de la loi ; commencez donc par vous-mêmes.

Ne croyez pas jouir des fruits cultivés par d'autres avant d'en avoir cultivé vous-mêmes à la sueur de vos fronts, souvent de votre sang. En vertu de la solidarité, tous les êtres passés, présents et futurs ne font qu'un seul et même être. Vos enfants seulement récolteront ce que vous avez semé, comme vous avez récolté les fruits bons ou mauvais, plantés et cultivés par vos pères. Vous ne le croyez pas. Vous voulez *cueillir le jour*, vivre et jouir c'est tout un pour vous.—

Restez alors comme vous êtes. Continuez de demander que d'autres fassent pour vous ce que vous ne voulez pas faire pour eux, mais ne me demandez pas la liberté. Vous ne l'aurez pas. Et si vous l'avez, vous ne la garderez pas. Commencez par transformer votre foire en un temple, chassez de votre sein les *dividendiers,* les *réclamiers,* les *blagueurs*, les *chanteurs*, les coursicoteurs et les agioteurs. Soyez les représentants d'un principe sans aucun alliage avec l'intérêt, puis n'oubliez pas que vous êtes tous solidaires les uns des autres, que le mal toléré de l'un tue le bien de l'autre, ou l'empêche dans son germe. Vous avez détruit le livre et vous ne l'avez pas remplacé. Élevez les hommes à la hauteur de votre idéal, au lieu de vous abaisser au niveau des femmelettes. Vous êtes le concierge de votre abonné, empêchant que nulle idée immorale ne pénètre jusqu'à lui. Soyez-en l'initiateur, apprenez-lui, non à blaguer avec vos vaudevillistes et vos crevés, mais à réfléchir avec vos penseurs; enseignez-lui avant tout ses devoirs, avant de lui parler de ses droits, et donnez-lui en l'exemple. Soyez, en un mot, des soldats, des capitaines prêts à tout endurer, à mourir même, s'il le faut, pour le salut de la justice, et en très-peu de temps, sans pétitions, ni gémissements, ni oraisons, ni plaintes, la presse, après avoir éteint ses vieux péchés jusqu'à la dernière trace, sera libre dans son essence spirituelle, et, comme Diogène au marché d'esclaves, elle pourra s'écrier: « Qui a besoin d'un maître? »

DÉCRET.

AU NOM DE DIEU, DE LA RAISON ET DE LA RÉPUBLIQUE.

Tout Français âgé de trente ans, marié, et n'ayant jamais subi une condamnation a le droit de publier un journal politique, littéraire, financier, quel qu'en soit le format ou le mode de publication.

Le journal devant être l'expression d'un principe, d'un système, d'une idée, représentant d'ailleurs toujours un *tribunal spirituel*, il lui est défendu de faire le trafic d'annonces et de réclames. L'annonce appartient de droit à la voie publique, à la *Municipalité* (1).

---

(1) Les feuilles d'annonces peuvent être directement éditées par la ville (comme à Francfort). En ce cas tout patenté moyennant quelques centimes additionnels reçoit la feuille, remplaçant en même temps les bureaux de placement, même pour les ouvriers, ou bien la ville fait annexer les annonces à tous les journaux et en paye les frais d'impression et de papier. La ligne de ces annonces peut être abaissée jusqu'à vingt centimes et elles rapporteraient encore à la ville plusieurs millions.

Le journal étant de sa nature un *justicier*, un juge de toutes les productions de l'art, il lui est défendu de trafiquer de ces productions. Par conséquent il ne peut insérer ni romans, ni pièces de théâtres, ni poëmes, excepté des extraits cités en corroboration de son jugement.

La copie de tout article restera déposée chez l'imprimeur. Le rédacteur en chef est responsable de tous ses collaborateurs au-dessous de trente ans.

La loi sur le droit de réponse est maintenue.

La loi sur la diffamation est abolie.

La preuve est non-seulement admise, mais requise.

Si la preuve n'est pas faite, le diffamateur sera condamné à la peine et au déshonneur qu'il a eu en vue d'attirer sur le diffamé, sans compter les dommages et intérêts abandonnés à l'appréciation des juges.

Un tribunal *intérieur* (1) sera établi à Paris et dans tous les chefs-lieux des départements où paraît un journal.

Ce tribunal siégera tous les jours, même le dimanche, de neuf heures du matin à midi. Il est composé de trois juges dont un qui préside.

Vingt et un juges siégeront à Paris à tour de rôle, trois par jour. En cas de maladie ou de force majeure, l'un pourra se faire remplacer par l'autre ; mais jamais plus de trois juges ne siégeront.

---

(1) Le nom n'y fait rien. On peut l'appeler d'*honneur*, ou *amphyctionique*.

Sept de ces juges seront élus par les rédacteurs en chef des journaux et des éditeurs ayant l'âge de trente ans.

Sept seront élus par la magistrature.

Le gouvernement nommera les sept présidents.

Chacun des juges jouira d'un traitement de 6000 fr. (1).

Le tribunal est institué pour sauvegarder, pour maintenir la dignité de la presse et des journalistes.

Le tribunal peut citer d'office à sa barre tout écrivain. Il reçoit toutes les plaintes de chantage et de diffamation, d'injures et de flagrante déraison. Nul procès de presse ne peut être intenté que par le *tribunal intérieur*.

Le tribunal cite à bref délai, le jour même pour le lendemain, le matin pour le soir, exceptionnellement. Un des juges lit à haute voix l'article incriminé *sans y ajouter la moindre observation*. Le prévenu ou le rédacteur en chef a un quart d'heure pour se défendre, jamais plus. *Il lui est défendu de prendre un avocat.*

Puis le tribunal, séance tenante, prononce.

Les séances sont publiques.

Si l'écrivain, ou le journal est déclaré coupable.

La première fois, il est mis *sous censure* pour un mois. En cas de récidive, pour trois mois. La troisième fois, pour une

---

(1) Ces traitements seront payés par la presse et la librairie qui auront à s'entendre sur la répartition de cet impôt.

année. Le tribunal, s'il y a rechute, a le droit de déclarer le rédacteur *indigne* (cette peine s'appellera l'*indignité*) de tenir une plume, de l'interdire, et, en cas de besoin, de le priver de tous ses droits civiques, de l'exiler même.

Les censeurs sont élus par les rédacteurs en chef de la presse et par les éditeurs. Il y en aura trois. Nul ne peut être élu censeur, à moins d'avoir l'âge de cinquante ans. Leurs fonctions sont gratuites.

En cas qu'un écrivain *mis sous censure* fasse signer ses articles par un autre, le censuré et le signataire peuvent être traduits devant la justice comme *faussaires*. L'imprimeur est forcé, sur la requête du tribunal, de livrer la copie.

Le jugement, rendu dans les vingt-quatre heures, sera inséré gratis dans les journaux sans distinction.

L'écrivain condamné, à moins qu'il n'appelle au jury pour un procès politique, peut rappeler d'une séance à l'autre. Le jugement d'appel est définitif.

Toutes les querelles littéraires dégénérant en diatribes et injures sont de la compétence du *tribunal intérieur*. Il peut d'office citer les querelleurs et les condamner à la censure. Si contrairement à son appel pacifique les écrivains se battent en duel, le tribunal non-seulement peut les mettre sous censure, mais les frapper de la peine de l'*indignité* et de l'interdiction.

Un écrivain mis sous censure ne peut pas publier une ligne sans le visa du censeur. S'il est membre d'une société littéraire ou scientifique ou même d'une loge de francs-maçons, il lui est défendu de prendre la parole pendant tout le temps qu'il sera sous censure.

Le tribunal intérieur a le même pouvoir sur les orateurs, qu'il peut citer d'office et auxquels il peut appliquer les mêmes peines.

Toutes les lois et ordonnances sur la presse antérieures à ce décret sont et restent abolies.

FIN.

Clichy — Impr. Paul Dupont et Cie, rue du Bac-d'Asnières, 12. (11291-2.

www.ingramcontent.com/pod-product-compliance
Ingram Content Group UK Ltd.
Pitfield, Milton Keynes, MK11 3LW, UK
UKHW021003220726
13924UKWH00002B/863